Lionel Pöffel

DENKKOLLEKTIVE IN DER INFORMATIK

Zur Erklärungskraft von Ludwik Flecks Wissenschaftstheorie im aktuellen Wissenschaftsbild

ibidem-Verlag
Stuttgart

Die Deutsche Bibliothek - CIP-Einheitsaufnahme:

Ein Titeldatensatz für diese Publikation ist bei
Der Deutschen Bibliothek erhältlich

∞

Gedruckt auf alterungsbeständigem, säurefreien Papier
Printed on acid-free paper

ISBN: 3-89821-071-5

Printed in Germany

Inhalt

Zusammenfassung: Die insbesondere von Thomas S. Kuhn verarbeiteten wissenschaftstheoretischen Thesen Ludwik Flecks erreichen ihre Erkärungskraft und ihre Aktualität durch die starke soziologische und historische Prägung seiner Erklärungsmuster. Die Transformationen, die die Wissenschaft in den vergangenen Jahrzehnten durchlaufen hat, stellen diese Theorie vor neue Herausforderungen. Diese Arbeit zeigt in groben Zügen anhand der Disziplin Informatik auf, daß wesentliche Aspekte von Flecks Auffassung auch heute noch Beachtung verdienen. Graduelle Probleme ergeben sich aber doch einerseits durch Unterschiede zum aktuellen Wissenschaftsbegriff, andererseits durch Flecks Aufassung vom zeitlichen Ablauf der Wissenschaftsentwicklung.
Schlüsselwörter: Ludwik Fleck, Wissenschaftstheorie, Denkkollektiv Denkstil, Soziologie, Wissenschaftsgeschichte, Informatik, Ingenieurswissenschaften, Politik

Lionel Pöffel

Denkkollektive in der Informatik

Zur Erklärungskraft von Ludwik Flecks Wissenschaftstheorie im aktuellen Wissenschaftsbild

Inhaltsverzeichnis

1. Einleitung

Die Frage nach der Rolle von Wissenschaft in unserer Gesellschaft wird durch mehrere Aspekte bestimmt. Wissenschaft hat schon der Bezeichnung nach den Anspruch, Erkenntnisse über unsere Welt zu erschließen[1]. Daraus ergibt sich die Aufgabe zu beobachten, inwiefern die Ergebnisse von Wissenschaft dahingehend legitimiert sind, daß sie in der Welt anwendbar sind. Ebenso muß man untersuchen, wie sie gewonnen wurden, in welcher Wechselbeziehung zur sonstigen Welt der Wissenschaftsprozeß steht. Gerade unter diesem Aspekt hat Wissenschaftstheorie eine ethische Dimension, sowohl innerwissenschaftlich im Sinne von »Arbeitsstandards«und sonstigem Leben in einem wissenschaftlichen Umfeld, als auch außerwissenschaftlich, im Wechselspiel mit der weniger wissenschaftlich geprägten Umgebung, insbesondere der menschlichen Gesellschaft[2].

Um hier eine realitätsnahe Bewertung vornehmen zu können, ist es sicherlich notwendig, zuerst die alltägliche Praxis des Wissenschaftsbetriebs, insbesondere im Zusammenhang mit »außerwissenschaftlichen«Bereichen, zu beobachten. Auf diesem Gebiet hat Ludwik Fleck wichtige Arbeit geleistet. Im Gegensatz zu Thomas S. Kuhn, der im Übrigen Flecks Ergebnisse verwertete, ist dieser jedoch auf dem Feld der Wissenschaftstheorie weniger bekannt geworden. Dennoch besitzen Flecks Thesen meiner Einschätzung nach auch heute noch eine große Aktualität. Zurecht weisen auch Lothar Schäfer und Thomas Schnelle in der Einleitung zur Neuausgabe von »Entstehung und Entwicklung einer wissenschaftlichen Tatsache«darauf hin, daß seine Arbeit eine »Fülle von Anregungen [enthält], entlang welcher Linien weiter gearbeitet werden könnte, teils durch weitere historische Studien, teils durch systematische Analyse« [Fleck 35, S. XLIV]. Sie legen nahe, »weitere vergleichende Studien durchzuführen, [...] um insbesondere die von Fleck angedeuteten >Gesetze< testen zu können.« [Fleck 35, S. XLIV]

Eine solche Schwerpunktsetzung in der Wissenschaftsforschung scheint mir insofern interessant, als sich hier mehrere Entwicklungen vollzogen haben:

Einerseits ist die Verflechtung zwischen Wissenschaft und »außerwissenschaftlichen«Bereichen deutlich enger geworden. Dies zeigt sich in mehrfacher Hinsicht. Wissenschaft muß beispielsweise zunehmend ihren finanziellen Aufwand gegenüber verschiedenen Mittelgebern, unter anderem Politik und Wirtschaft legitimieren. Dies verändert Rolle und Ausrichtung. Die bedeutende Stellung der Medien durchbricht

immer stärker die ehemals in viel höherem Maße vorhandene »Abschottung«der wissenschaftlichen Praxis von der Öffentlichkeit. Dieser Aspekt betrifft sowohl Ergebnisse als auch Methoden von Wissenschaft[3]. Nicht zuletzt dringen Wissenschaft und insbesondere Technik immer stärker in unser alltägliches Leben ein. Die Computerisierung ist dafür ein geradezu paradigmatisches Beispiel.
Andererseits läuft auch innerhalb der Wissenschaft eine fortschreitende Verschiebung hin zu Anwendungswissenschaften ab. Bereiche wie etwa Ingenieurswissenschaften, die zu Anfang unseres Jahrhunderts noch nicht einmal als Wissenschaft anerkannt waren, verdrängen geradezu einige »klassische«Felder, wie zum Beispiel die Geisteswissenschaften. Gerade hier setzt der bereits oben erwähnte finanzielle Legitimierungsdruck durch eine entsprechende Haltung der politik- oder wirtschaftsnahen Mittelgeber in besonderem Maße an. Rettung aus diesem Dilemma scheint teilweise nur noch eine Ausrichtung auch der letzten Wissenschaftszweige auf gewisse vorgegebene Richtungen zu sein. Diese Annahme wird bei weitem nicht von allen Akteuren in Wissenschaft, Wirtschaft und Politik geteilt. Insbesondere der zu erwartende Trend einer wirtschaftsbezogenen Orientierung setzt nicht überall in gleichem Maße ein. Punktuell werden aber beispielsweise an den Hochschulen, aber auch in der Mittelvergabe, Geisteswissenschaften gegenüber Ingenieurswissenschaften zunehmend benachteiligt. Gleichzeitig existieren innerhalb der »bedrohten«Disziplinen, beispielsweise der Semiotik oder der Soziologie, wirtschaftliche Bedeutung durch Modellierung und Vorhersage von Entwicklungen zu begründen. Die genannten Entwicklungen werden, wo sie auftreten, nicht immer von »außen« initiiert. Vielfach sind es den erwarteten Ereignissen vorgreifende Aktivitäten von VertreterInnen der Disziplinen selbst, die die beschriebenen Trends einleiten oder verstärken.
Durch den Bezug seines Konzeptes von Denkkollektiv und Denkstil auf alle Bereiche des Lebens und durch seine Forderung nach einer soziologischen Betrachtungsweise birgt Ludwik Flecks Ansatz beträchtliches Potential, auch den beschriebenen Entwicklungen Rechnung zu tragen. Wie groß dieses Potential ist, läßt sich möglicherweise vorteilhaft an einem Wissenschaftszweig untersuchen, der zu den »neuen«Wissenschaften gehört. Ich möchte diesen Versuch anhand meines eigenen Faches, der Informatik, unternehmen. Sie stellt innerhalb der Wissenschaften auch deshalb einen interessanten Fall dar, weil sie eben keine klare Ingenieurswissenschaft ist[4]. Ich möchte in dieser Arbeit untersuchen, inwieweit Flecks Thesen auf die Informatik anwendbar sind. Dazu werde ich zuerst auf die Rolle der Informatik im Wissensschaftssystem eingehen. Die Flecksche Auffassung, unser Leben laufe innerhalb

verschiedener sozialer Kreise mit ihren Dankgewohnheiten ab, werde ich daraufhin überprüfen, ob sie den Besonderheiten des sozialen Umfelds Informatik Rechnung trägt. An der Stellung der Informatik innerhalb anderer Disziplinen werde ich aber auch Flecks wissenschaftsspezifische Thesen auf ihre Anwendbarkeit hin untersuchen. Lassen sich Verallgemeinerungen, die aus stark erkenntnisorientierten Wissenschaften gewonnen wurden, auch mit hauptsächlich anwendungsorientierten Bereichen vereinbaren? Die Rekonstruktion von Flecks Wissenschaftstheorie werde ich weitgehend direkt mit dem Versuch einer Anwendung auf die Informatik verschränken, da sich so für seine Auffassungen gleich mehr oder weniger gute Beispiele ergeben. Gerade in der Informatik zeigen sich aber besonders deutlich einige Phänomene, die Fleck entweder weniger beachtet oder eventuell unangemessen bewertet hat. Vor allem wird es hier um die Radikalität von Paradigmenwechseln in der Informatik gehen, die dem Bild einer relativ kontinuierlichen Wissenschaftsentwicklung in gewisser Hinsicht entgegenstehen. Abschließend werde ich nochmals darauf zurückkommen, ob Flecks Thesen einen Ansatz bieten, um die Rolle von Wissenschaft in unserer Gesellschaft zu bewerten.

In meine Betrachtungen werde ich nicht nur Flecks Arbeiten einbeziehen. Als Beispiele für meine Bewertungen in der Informatik werde ich auch einige Aufsätze bekannter Vertreter der Disziplin verwenden.

2. Anwendbarkeit von Flecks Thesen auf die Informatik

Dieser Abschnitt beschreibt vorrangig die Vorteile des Fleckschen Ansatzes bei einer Rekonstruktion und Einordnung der Praxis in und außerhalb der Informatik. Um einen Vergleich der Disziplin mit anderen Wissenschaften soll es zuerst gehen. Dies ist einerseits wichtig, um Flecks soziologische Beschreibung des Verhältnisses von Wissenschaft und Gesamtgesellschaft zu überprüfen. Andererseits sollen auch Flecks wissenschaftsbezogene Aussagen an einem Wissenschaftszweig gemessen werden, der, ähnlich wie Ingenieurswissenschaften, weniger historisch gewachsen ist und, wie ich ausführen werde, einige Besonderheiten hinsichtlich seiner thematischen Schwerpunktsetzungen und seiner Stellung in der Gesellschaft aufweist. Anschließend werde ich auf Flecks Konzeption zu den sozialen Gruppen der Wissenschaft, den sogenannten Denkkollektiven und ihren Denkgewohnheiten, bei Fleck als Stile bezeichnet, eingehen. Danach werde ich Flecks Aussagen zum Verhältnis zwischen »inneren« und »äußeren«Kreisen von Denkkollektiven sowie seine Ansichten zur Stabilisierung von Denkkollektiven erläutern.

2.1 Die Rolle der Informatik im Wissenschaftssystem

2.1.1 Die Informatik »zwischen den Stühlen«

Eines der hervorstechenden Merkmale der Informatik ist die Bandbreite ihrer Disziplinen, die sogar von führenden VertreterInnen[5] zu ihren Kernthemen gezählt werden. Dies ergibt sich aus den unterschiedlichen Herangehensweisen an informatische Themen in der Entstehungsphase der Disziplin im heutigen Sinne[6]. Einerseits war die Entwicklung direkt durch den Bau von Rechnern bestimmt. Ein Vertreter, dessen Vorstellungen vom Aufbau des Computers großen Einfluß ausübten, war John v. Neumann. Andererseits war eine stärker theoretisch gefärbte Richtung aus dem Feld der mathematischen Berechenbarkeitstheorie, ausgehend beispielsweise von Alan Turing, von großer Bedeutung. Mit steigendem Bedarf nach höheren Programmiersprachen kamen auch quasi-linguistische Ansätze hinzu, entwickelt unter anderem durch Noam Chomsky. Diese recht lose und unvollständige Aufzählung von oft genannten VertreterInnen der Disziplin soll nur darstellen, daß in ihrem Kern bereits von Beginn sehr verschiedene Bereiche auftraten. Dieses Feld wurde mit der immer weniger wissenschaftlich ausgerichteten, anwendungsorientierteren Erstellung von Software ab den 60er Jahren kontinuierlich erweitert.

Spätestens mit der zunehmend auch organisationstechnisch etablierten Abgrenzung der Informatik von anderen Disziplinen setzten Diskussionen darüber ein, was für eine Wissenschaft sie denn sein solle. Die Ansichten führender VertreterInnen schwankten vor allem zwischen einer mathematischen und einer ingenieurswissenschaftlichen Ausrichtung hin und her. Der Druck, der von vielen Seiten auf der Informatik lastet, zeigt sich darin, daß selbst bei stark mathematischen Ausrichtungen mit der wirtschaftlichen Bedeutung dieser Strategie argumentiert wird. So schreibt zum Beispiel Heinz Zemanek:

> »Die alte Trennung zwischen Fabrik und Büro wird aufgehoben, die gleichen Daten betreiben Verrechnung und Produktion. [...] Technisches und wirtschaftliches Denken wird in eins verschmelzen, und es wird computergesteuert sein.«[Zemanek 71, S.159]

Hier zeigt sich natürlich eine starke wirtschaftliche und ingenieurswissenschaftliche Ausrichtung. Es ist nur konsequent für ihn, zu fordern:

> »Der Informatiker wird zum Organisator und Verwalter: er bildet so eine Brücke zu einem auf den ersten Blick völlig anderen Berufsproblem: zum Manager, Organisator und Verwalter in großen Betrieben, insbesondere in Konzernen, Ministerien und Stadtverwaltungen.«[Zemanek 71, S.161].

Friedrich L. Bauer hingegen benutzt für die Informatik die Metapher »Ingenieurs-Geisteswissenschaft (oder Geistes-Ingenieurswissenschaft[...])«[Bauer 74, S.336]. Auch er meint aber:

> »Ein Sonderfall ist sie [die Anwendung der Informatik in der Volks- und Betriebswirtschaft] dennoch, weil über 90% der Umsätze der DV-Industrie auf kaufmännische und verwaltungsmäßige Anwendungen entfallen.«[Bauer 74, S.336]

Eine stark mathematische Ausrichtung findet sich in der ganzen Zeit seines Wirkens bei Edsger W. Dijkstra. So schreibt er beispielsweise:

> »[...] the programmer's task is not just to write down a program, but [...] his task is to give a formal proof that the program he proposes meets the specification.«[Dijkstra 98, S.1404]

Dennoch sind auch bei ihm Argumentationen an die Informatik als Wirtschaftsfaktor angelehnt:

> »In the discrete world of computing, there is no meaningful metric in which >small<changes and >small<effects go hand in hand, and there never will be.
>
> This second radical novelty [...] is denied because its truth would be too discomforting. It is hard to estimate the damage done by this denial, but with millions of programmers in the world, a cost of millions of dollars per day seems a modest guess.«[Dijkstra 98, S.1400]

Es gibt durchaus alternative Vorstellungen darüber, wie Informatik aussehen sollte, und was ihre Inhalte sein sollten. So ist die Forderung, Informatik sollte sich viel intensiver mit den Wechselwirkungen zwischen der Disziplin und der sonstigen Gesellschaft auseinandersetzen, sicherlich nicht unberechtigt, zumal diese Relationen gerade in der Informatik sehr intensiv sind und ständig wachsen. In welchem Maße solche abweichenden Ansätze zum Zuge kommen, hängt sicherlich von verschiedenen Faktoren ab, insbesondere der politischen und wirtschaftlichen Verflechtung einer Disziplin.

2.1.2 Wechselwirkungen mit der Gesellschaft

Die Wechselwirkungen mit der gesamten Gesellschaft bilden einen zweiten wichtigen Positionierungsfaktor für die Informatik: Ihr Eindringen in die menschliche Umwelt passiert gerade heute zumindest in der westlichen Welt[7] in so hohem Maße, daß sie oft auch schon das Privatleben der Einzelnen durchdrungen hat[8].

Dabei ist auffällig, wie schnell sich der Weg von nicht alltäglichen Anwendungen bis in die Privatsphäre vollzog: Rechnerbau und Theorie geschahen zuerst im bestenfalls universitären - oft sogar im militärischen, also streng geheimen Umfeld[9]. Kaum 30 Jahre später, in den 80er Jahren unseres Jahrhunderts, zog - nicht zuletzt durch Computerspiele - die Rechentechnologie in die Haushalte ein. Die Gründe hierfür sind sicherlich auch in einer fortschreitenden Popularisierung der Informatikanwendungen zu suchen. Dies bezieht sich sowohl auf die Themen, als auch auf die Implementierung. Private NutzerInnen werden sicherlich einer Textverarbeitung gegenüber einem Simulationsprogramm für das Wetter den Vorzug geben. Ebenso macht eine grafische Oberfläche ein Programm vermutlich eher interessant, als dies Lochkarten vermögen.

Da die Informatik - nicht zuletzt durch ihr Eindringen in das alltägliche Lebensumfeld - ein enormer Wirtschaftsfaktor ist, läuft informatische Entwicklung und Forschung extrem stark außeruniversitär ab. Dieser - durch Profit motivierte - Entwicklungsschub bewirkt auch eine extrem schnelle Veränderung der Kernthemen. Unter anderem motiviert das Eindringen der Informatik in den alltäglichen Arbeitsbereich zunehmend ergonomische Überlegungen. Auch die zunehmende elektronische Vernetzung verlangt nicht nur nach einer technischen Realisierung und nach plattformübergreifender Software, sondern auch nach einer umfassenden Theoriebildung, die über die bekannten Petrinetze hinausgeht. Eine solche Dynamik tritt beispielsweise bei der Quantentheorie seltener auf. Gleichzeitig ist Informatik jetzt erst recht ein Machtfaktor, gerade auch motiviert durch ihren Einfluß auf das tägliche Leben, so daß auch ihre politische Verflechtung sehr groß ist. Davon zeugen Aktionen der Legislative wie die Telekommunikations-Überwachungsverordnung oder die Arbeit der Bundesprüfstelle für jugendgefährdende Schriften auf dem Computerspielemarkt. Die politische Verflechtung der Informatik kommt allerdings auch durch die Rolle als Wirtschaftsfaktor zustande, da Politik derzeit sicherlich eine stark ökonomische Ausrichtung besitzt[10]. Dies zeigt sich exemplarisch an den umfangreichen Förderprogrammen der Bundesregierung insbesondere in den 70er Jahren, während sich die Informatik als eigenständige Disziplin zu etablieren versuchte.

Zusammenfassend ließe sich für die Rolle der Informatik im Wissenschaftssystem folgendes konstatieren. Informatik ist eine Disziplin, die bereits im Ansatz mehrere »gewachsene« Wissenschaften vereint. Daraus resultieren Fragen über ihre Schwerpunkte und Grundsätze in einem sogar recht »alltäglichen«Kontext. Einflußreiche Auffassungen[11] bewegen sich zwischen einer ingenieurstechnisch-naturwissenschaftlichen und einer mathematisch-theoretischen Ausrichtung. Es ist jedoch offensichtlich, daß nach dem aktuellen Stand der Entwicklung Anwendungsforschung als ein dominierender Kernbereich der Informatik gesehen wird. Die gesellschaftliche Verflechtung der Informatik ist sehr groß - sie reicht von einer wirtschaftlichen und politischen Ebene bis in das unmittelbare Leben vieler Menschen. Diese Merkmale[12] bilden häufig keinen scharfen qualitativen Unterschied zu anderen Wissenschaften. Ihre Summe trägt aber zu einer gewissen Stellung innerhalb des Wissenschaftssystems bei. Insbesondere historisch gewachsene Wissenschaften sehen in ihrem Kern verstärkt die theoretischen Erklärungsversuche - ein deutlicher Unterschied zur Informatik. Überhaupt sorgt die Anwendungsausrichtung der Disziplin dafür, daß sie nur zum Teil durch Erklärungen, viel stärker aber durch Bereitstellung von technologischen Hilfsmitteln als Wissenschaft in Erscheinung tritt. Diese Anwendungsrolle besitzt Informatik auch in der Verflechtung mit anderen Disziplinen, die ja auch Computer und Software für ihre eigenen Zwecke nutzen. Andererseits ist Informatik auch von Ergebnissen anderer Disziplinen, wie Elektrotechnik oder Neurowissenschaften, abhängig. Ausgehend vom beschriebenen Standpunkt werde ich nun versuchen, Flecks Konzeption und Terminologie am Beispiel Informatik zu erläutern und dabei gleichzeitig zu prüfen, wie weit sie dieses Feld sinnvoll und realitätsnah umschreiben können.

2.2 Denkstil und Denkkollektiv

Ludwik Fleck nimmt die Entstehung, Entwicklung und die sozialen Auswirkungen von Ideen, Vorstellungen und Zielen immer innerhalb von verschiedenen, sich gegenseitig abgrenzenden oder überschneidenden sozialen Gruppen und zwischen diesen Gruppen an. Er nennt das Denken »eine soziale Tätigkeit katexochen«[Fleck 35, S.129]. Dabei ergeben sich die unterschiedlichen Denkweisen seiner Auffassung nach durch »gerichtetes Wahrnehmen, mit entsprechendem gedanklichen und sachlichen Verarbeiten des Wahrgenommenen«[Fleck 35, S.130], das Fleck mit »Denkstil«bezeichnet. Dieses steht im Zusammenhang damit, was als wahr, evident, wichtig betrachtet wird, welche Methoden und Begriffe im allgemeinen angewandt werden [Fleck 35, S.130]. Somit bringe jedes Individuum bereits Voraussetzungen in die Betrachtung seiner Umwelt ein, die mit dem Denkstil in Verbindung stehen. Die sozialen Gruppen, in denen ein Denkstil herrscht, bezeichnet Fleck als Denkkollektive [Fleck 35, S.135].

Daß jede soziale Gruppe ihre eigene Mischung aus Denkweisen, Begriffen usw. darstellt, ist eine relativ unverbindliche Feststellung, die sich mit den nötigen Anpassungen ohne größere Schwierigkeiten an jeder sozialen Gruppe nachweisen läßt. Soziale Gruppen gibt es in sehr großer Zahl in der Informatik. Das Feld reicht von Gruppen in der Forschung, Programmierteams, bis hin zu riesigen Gemeinden von NutzerInnen eines Programms. Interessant wird diese Vorstellung erst beim Festmachen einer sozialen Feinstruktur eines Kollektives.

Vor allem möchte ich darauf hinweisen, daß Ludwik Fleck schon biografisch nicht direkt zur soziologischen Wissenschaftsgemeinde gehört. Daß er aus der Position eines Mediziners heraus einen wissenschaftstheoretischen Ansatz entwickelte, erklärt zumindest teilweise, warum das von ihm benutzte Vokabular nicht in der explizit soziologischen Definition verwendet wird. Stattdessen versucht Fleck, für seine Konzepte plausible Begriffe zu finden, was aus seiner Position heraus berechtigt erscheint. Ich werde im Anschluß ebenfalls nur »plausible«, nicht unbedingt soziologisch fest definierte Begriffe verwenden, wobei Bedeutungsüberschneidungen nicht ausgeschlossen sind. Ein anderes Vorgehen würde eine detailliertere Diskussion der Fleckschen Terminologie im Vergleich zu soziologischen Begriffen voraussetzen. Diese sprengt aber den Rahmen dieser Arbeit.

Fleck führt aus, daß im Denk- und Entwicklungsprozeß soziale Faktoren eine entscheidende Rolle spielen. Der Denkstil erfahre durch verschiedene kollektivinterne und -externe Vorgänge eine Verstärkung. Das gerichtete Sehen werde immer stärker ausgeprägt. Wahres und Falsches scheinen immer klarer. Widersprechende Tatsachen würden unmöglich, verschiedenste Tatsachen würden unter Akzeptiertem eingeordnet , ohne den Mitgliedern des Denkkollektivs unbedingt bewußt zu sein. Innerhalb des Denkkollektivs entwickle sich ein Denkzwang [Fleck 35, S.130].

Ich möchte diesen Vorgang am Beispiel der »Erkenntnis«der Nützlichkeit der Programmverifikation demonstrieren. Die Programmierung lief zuerst auf der Ebene von Maschinencode ab. Mit der Zeit ergab sich die Frage nach automatisierter Programmierung, zuerst allerdings hauptsächlich aus Performancegründen, da das Individuum Optimierungsmöglichkeiten in großen Programmsystemen schwer allein übersehen konnte. Paradigmatisch für diese Sprachen ist Fortran. Unter anderem aus dem wissenschaftlichen Bereich kam auch die Motivation, »maschinenunabhängige«Sprachen sozusagen als Kalküle zu benutzen. Ein Beispiel hierfür ist Algol. Erst aufgrund solcher Kalküle dürfte die Sichtweise entstanden sein, der Fehlerhaftigkeit von Programmen könne mit theoretischen Mitteln vorgebeugt werden.

Sehr wichtig ist für Entwicklung von Denkgewohnheiten die unterschiedliche Wahrnehmungsweise von Mitgliedern verschiedener Denkkollektive. Schon die benutzten Begriffe hätten in den einzelnen Kollektiven eine immer etwas abweichende Bedeutung. Aussagen ließen sich in ihrem Wahrheitsgehalt nicht durch Anhänger verschiedener Denkstile genau gleich bewerten, denn für diese »ist es eben *nicht derselbe* Gedanke«[Fleck 35, S.131][13]. Überhaupt lasse sich Wahrheit nur als »stilgemäße Auflösung«eines Problems, also relativ zu den Denkgewohnheiten, impliziten Vorstellungen usw. charakterisieren.

Auch dies läßt sich am vorherigen Beispiel hervorragend zeigen. Die aus verschiedener Sicht fragwürdige Vorannahme der Idee der Programmverifikation besteht darin zu glauben, ein formal korrekter Beweis würde die Richtigkeit eines Algorithmus absichern. Gerade die Mathematik, aus deren Instrumentar der Beweis stammt, nimmt Beweise überhaupt nicht als allgemein gültig. Stattdessen werden sie von vielen Individuen immer und immer wieder überprüft, sozusagen ein sozialer Prozeß. Genaueres hierzu findet sich unter [DeMillo et al. 79]. Zudem steht bei einem Programm immer die Frage, wie denn die sogenannte Spezifikation[14], die vor jedem Beweis steht, überhaupt zustande kommt, und ob sich das Aufstellen der Spezifikation überhaupt klar von der mathematischen Korrektheit eines Programmes trennen läßt[15]. Solche Auffassungsverschiedenheiten ergeben sich unter anderem durch verschiedene Verwendung von Begriffen wie »Korrektheit«.

In Bezug auf Aussagen und Erkenntnisse in der Wissenschaft spricht Fleck von sogenannten Koppelungen, die sich dahingehend unterscheiden, ob sie als menschlich beeinflußte Aussagen oder Vorgehensweisen oder als zwangsläufige, evidente Tatsachen empfunden werden. Diese Koppelungen, also die Beziehungn zwischen verschiedenen Fakten oder Beobachungen im Wissensgefüge eines Kollektivs [Fleck 35, S.109], heißen bei Fleck entsprechend aktiv oder passiv. Zwischen aktiven und passiven Beziehungen im Wissenssystem eines wissenschaftlichen Denkkollektivs besteht ein enger Zusammenhang. Keine Beziehung ist rein aktiv oder passiv. Mit dem Eindringen in ein wissenschaftliches Gebiet steigt die Zahl beider Arten von Kopplungen [Fleck 35, S.109]. Es ist also nicht so, daß in einem Wissensgebiet Wahrheiten bereits vorhanden wären, die durch die Wissenschaft fortschreitend erschlossen werden. Vielmehr ergeben sich diese »Tatsachen« immer in Verbindung mit der Vorprägung der Individuen, ihren Handlungen und dem Denkstil.

Ein hervorragendes Beispiel für die Eigenheit von Kopplungen sowohl aktive, als auch passive Aspekte zu beinhalten, bietet der Text [v. Neumann 45], in dem John v. Neumann Vorstellungen über die automatisierte Rechenmaschine EDVAC präzisiert. Insbesondere fallen hier von ihm explizit aufgeführte Analogien zwischen den logischen Schaltelementen des Computers und menschlichen Neuronen auf, bei denen aus seiner Darstellung der Eindruck entsteht, diese Analogie sei natürlich, sozusagen a priori gegeben [v. Neumann 45, S.360]. Daß darüber viele Streitpunkte bestehen können, ist aber sicherlich einzusehen. Die Grenze zwischen zwangsläufigen und menschlich beeinflußten bzw. postulierten Beziehungen ist also alles andere als scharf gezogen und liegt auch von Denkkollektiv zu Denkkollektiv verschieden. Die aktiven und passiven Kopplungen kommen also auch in Bereichen wie der Informatik vor, die weniger auf Wissenserwerb, sondern auf Anwendung von Erkenntnissen oder Entwicklungen ausgerichtet sind.

Insbesondere für wissenschaftliche Denkkollektive ist irgendeine Form des Wissens relevant. Konsequenterweise spielt für Fleck der Tatsachenbegriff[16] eine große Rolle als Kennzeichnung der innerhalb eines Denkstiles für annehmbar gehaltenen Auffassungen. Eine Tatsache entsteht seiner Meinung nach in drei Schritten: 1)Eine Beziehung, Beobachtung oder Aussage stellt sich im zuerst »gestaltlosen«Denken als klarer, evidenter, in gewisser Weise zwangsläufiger dar als andere. Diese »passive«Koppelung nennt Fleck Widerstandsaviso. 2) Über verschiedene soziale Prozesse im Denkkollektiv und durch seine wissenschaftliche Arbeit, also Beobachtungen oder mathematische Beweise, entwickelt sich die Unmöglichkeit, gewisse Zusammenhänge als unsicher anzusehen. Es entsteht der bereits erwähnte Denkzwang. 3) Die gesamte Konstruktion aus »zwangsläufigen«Aussagen (mögen sie auch aus Sicht von Kollektivexternen falsch sein) und Beziehungen ergibt ein unmittelbar sichtbares Bild, das Fleck mit Gestalt bezeichnet [Fleck 35, S.124].

Es besteht nun die Herausforderung, auch in der Informatik Anhaltspunkte für einen ähnlich ablaufenden Überzeugungs- und letztendlich Wissenserwerb zu finden. Abgesehen davon, daß in der Informatik auch Grundlagenforschung existiert, muß das Problem der Beobachtung und des Erkennens natürlich auch bei der Entwicklung von anwendungsnahem Wissen und entsprechenden Produkten erklärt werden. Meiner Auffassung nach läßt sich das von Fleck formulierte Schema auch hier relativ gut anwenden. Man betrachte beispielsweise die Entwicklung eines Programms. Am Anfang stehen vielleicht wenige, unscharfe Vorstellungen, weit von einer mathematischen Spezifikation entfernt. Erfahrung und Vorstellungskraft der InformatikerIn ergeben vielleicht ein Bild von gewissen Grundprozeduren oder ihrer Verbindung. Dies könnte mit einem Widerstandsaviso bezeichnet werden. Bestimmte Algorithmen drängen sich auf, bestimmte Modelle der Interaktion mit der BenutzerIn usw. Während der Entwicklungsarbeit geschehen Formalisierungen, Kategorisierungen, Abstimmungen und Verhandlungen mit allen möglichen Parteien, aber auch Überprüfung der Zwischenergebnisse durch andere. Gerade diese vermittelt das Bild eines zunehmend besser überprüften Programms[17], eventuell natürlich auch in Verbindung mit Verifikation nach dem weiter oben angedeuteten Muster. Eine Strecke von Aktionen und Ereignissen führt zu der Auffassung, ein sinnvolles und funktionierendes Programm geschaffen zu haben.

Fleck betont, daß der Ablauf der Tatsachenentstehung von den Vorprägungen der Kollektivmitglieder entscheidend mitbestimmt wird. Er geht sogar so weit zu behaupten, daß ein voraussetzungsloses Beobachten nicht nur nicht möglich sondern sogar völlig sinnlos sei. Denn wie jemand etwas sieht, läßt sich ohne Voranahmen beliebig festlegen. Keine Beobachtung läßt sich gar formulieren [Fleck 35, S.121]. Wie würde beispielsweise eine sinnvolle Benutzeroberfläche je zustande kommen ohne eine eigene Vorstellung davon, wie sich die Elemente eines Programms ansprechend und praktikabel anordnen lassen? Wie ließen sich Programmfunktionen einem Laien vermitteln ohne vorherige Erfahrung über die Gedankenwelt und Begrifflichkeit von Menschen, die nicht zum Feld der Informatik gehören?

Um im sozialen Prozeß, der im Kollektiv herrscht, um in einem Denkkollektiv überhaupt eine Etablierung zu finden, muß nach Fleck eine »Tatsache«folgende Eigenschaften aufweisen: 1) Sie muß dem geistigen Interesse der Mitglieder Rechnung tragen, denn gerade in wissenschaftlichen Kollektiven erfolgen Beobachtung und Formulierung von Ergebnissen mit einem ganz bestimmten Ziel. 2) Der Weg einer Tatsache über die drei oben genannten Stadien muß für alle Mitglieder des Denkkollektivs sichtbar sein oder ihnen vermittelt werden - natürlich nicht unbedingt bewußt. 3) Die Formulierung einer Tatsache muß den Denkgewohnheiten, vor allem aber der Begrifflichkeit und Sprache eines Kollektivs entsprechen. Sie muß stilgemäß sein, um innerhalb des Kollektivs (ungefähr einheitlich) verstanden zu werden [Fleck 35, S.132f.]. Der scheinbare Widerspruch in Punkt 2) ergibt sich aus der von Fleck benutzten Formulierung. Wenn man zugrunde legen möchte, daß er nicht beabsichtigt hat, eine derart widersprüchliche Aussage zu machen, wäre folgende Erklärung möglich: Die Begriffe »sichtbar«und »vermitteln«sollen andeuten, daß eine Tatsache den bereits beschriebenen Weg vom Widerstandsaviso bis zu einem festen Element des kollektiven Wissensgefüges durchlaufen hat. Dieser wird als solcher nicht unbedingt bewußt, aber gefühlsmäßig wahrgenommen. Die Tatsache erscheint eben zunehmend als gesichert und unanfechtbar.

Auch bei der näheren Charakterisierung einer Aussage, die im Kollektiv als Tatsache gilt, ist eine Anpassung auf eine anwendungsorientierte und hochgradig von Kompromißentscheidungen geprägte Wissenschaft erforderlich. Zudem geht es eben nicht nur um Tatsachen, die Informatik ist weniger epistemisch orientiert. Bei einer entsprechenden Ausweitung des Begriffs »Tatsache«, beispielsweise im Sinne einer brauchbaren Problemlösung, lassen sich wieder viele Gemeinsamkeiten mit der Fleckschen Auffassung finden. So ist beispielsweise in der Hard- und Softwareentwicklung gerade die Kompatibilitätsfrage besonders heikel. Nur allzu oft werden aus rein markttaktischen oder quasi-politischen Gründen günstige Lösungen von anderen EntwicklerInnen nicht benutzt oder unterstützt. Dieses Beispiel erhärtet den ersten

Punkt. Das zweite Argument trifft nur dann zu, wenn die Mitglieder einer Gruppe wirklich relativ gleichrangig zueinander sind. So könnten Terminzwänge oder anderes die Einarbeitung einer Programmfunktion verhindern, obwohl einzelne sie für wichtig halten. In der nachträglichen Begründung werden aber auch solche Entscheidungen häufig als rational und folgerichtig dargestellt. Das letzte Argument gerade in der Informatik insbesondere zu. Gerade in dieser Disziplin werden Problemlösungen, aber auch Erkenntnisse im herkömmlichen Sinne oft sogar in Form formaler Notationen vermittelt, die manchmal nur kleinen Gruppen sinnvoll erscheinen.

Die hier geschilderten Beispiele aus der Informatik sind sicherlich in keiner Weise vollständig und auch nicht unbedingt repräsentativ. Es sollte aber deutlich geworden sein, daß die Fleckschen Thesen für die Informatik einige Erklärungskraft und auch ein interessantes Beschreibungsmittel bieten.. Für eine (letztendlich erforderliche) sehr detaillierte Analyse ist innerhalb dieser Arbeit ohnehin kein Platz. Im folgenden werde ich Flecks Aussagen zur sozialen Struktur der Denkkollektive und ihrer Beziehung zur »Außenwelt«näher erläutern und auch wieder nach Parallelen zur Informatik suchen.

2.3 Sozialstruktur - esoterische und exoterische Kreise

Wie bereits dargestellt, sieht Fleck nicht nur die Wissenschaft, sondern jegliche Gesellschaft (oder einen beliebigen Teil davon) durch sogenannte Kollektive mit ihren eigenen Denkgewohnheiten, ihren Vorstellungen, Zielen, Bildern und ihrer eigenen Kommunikation bestimmt. Das Kollektiv wird direkt durch seine Mitglieder bestimmt. Je nach Größe und Aufbau eines Kollektivs kann bereits der Verlust oder Neugewinn eines einzigen Mitglieds das Kollektiv entscheidend verändern [Fleck 35, S.135].

Das Kollektiv wird auf zwei wichtige Arten beeinflußt und entwickelt: intra- und interkollektiven Gedankenverkehr, d.h. Austausch zwischen Mitgliedern eines Kollektivs und zwischen Mitgliedern verschiedener Kollektive. Auf beide Arten werde ich später genauer eingehen.

Je nach ihrer Entstehung, ihrer Mitgliederzahl und ihrem Zweck sind Denkkollektive verschieden beständig. Sie können sich sofort wieder auflösen oder sich relativ lange erhalten. Oft spielt die soziale Organisation der Mitglieder eine große Rolle. Diese muß nicht sofort sehr fest sein. Auch und gerade das lange Bestehen eines Denkstils oder die Entwicklung eines sehr großen Kollektivs können stabilisierend wirken, ja sogar zu einer »formalen Struktur«führen [Fleck 35, S.135].

In diesem letzteren Falle sind zwei soziale Gruppen zu unterscheiden: diejenigen die zur formalen Organisation gehören, also aufgenommen wurden und diejenigen, die dem zugehörigen Denkstil folgen. Diese Gruppen sind nicht völlig gleich. In beiden kann es Mitglieder geben, welche nicht zur jeweils anderen Gruppe gehören. Auch die Strukturen des Denkkollektivs müssen sich nicht mit den offiziellen Strukturen seiner Organisation decken [Fleck 35, S.136].

Wie schon weiter oben angedeutet, beinhaltet auch die Informatik eine große Fülle von sozialen Strukturen, die sowohl hinsichtlich ihrer Mitglieder als auch ihrer Bedeutung starke Verknüpfungen mit außerinformatischen Feldern zeigen. Ein Beispiel für den Wege von einer kleinen sozialen Gruppe bis hin zu einer großen sozialen Organisation stellen die Verfechter frei verfügbarer Software dar. Kursierte diese Software vormals nur in kleinen Gruppen von ProgrammiererInnen bzw. BenutzerInnen mit sehr hohen Computerkenntnissen, die vor allem aus dem universitären Umfeld stammten, so hat sie, insbesondere durch die Verbreitung anderer PC-Betriebssysteme als MS-DOS und Windows von Microsoft, inzwischen den Weg in den PC auch relativ »unkundiger«BenutzerInnen angetreten. Hier sind natürlich inzwischen eine Fülle sehr aktiver Organisationen entstanden, die ihre Mitglieder mit Informationen versorgen und oft sogar zu politischen Akteuren avanciert sind.

Gerade stabile Denkkollektive haben nach Fleck die Neigung, auch durch soziale Prozesse bei ihren Mitgliedern, insbesondere den neu Aufgenommenen, für den Erhalt wichtiger Aspekte des im Kollektiv herrschenden Denkstils zu sorgen. Diese wichtige Eigenschaft möchte ich im kommenden Abschnitt noch einmal besonders detailliert erörtern.

Grundlegend für Flecks Beschreibung der sozialen Prozesse in Denkkollektiven ist die seiner Meinung nach allen Kollektiven gemeinsame zentralistische Struktur, ganz unabhängig von formalen Organisationen. Dieser Aufbau von Denkkollektiven entstehe, wie ich noch erläutern werde, im Laufe sozialer Prozesse, nicht in einem offiziell vollzogenen Akt. Fleck schreibt:

> »Um jedes Denkgebilde, sei es ein Glaubensdogma, eine wissenschaftliche Idee, ein künstlerischer Gedanke, bildet sich ein kleiner esoterischer und ein größerer exoterischer Kreis der Denkkollektivteilnehmern. Ein Denkkollektiv besteht aus vielen solchen sich überkreuzenden Kreisen, ein Individuum gehört

mehreren exoterischen und wenigen, eventuell keinem esoterischen an.«[Fleck 35, S.138]

Diese letzte Aussage unterstützt noch einmal Flecks These, daß das Kollektiv fundamental durch seine Mitglieder beeinflußt wird. Zudem entsteht hier ein soziales Spannungsfeld, das Raum für die oben erwähnten sozialen Verstärkungsprozesse von Denkstilen bietet.

Auch diese Beobachtungen lassen sich besonders gut an der Informatik machen. Es gibt esoterische und exoterische Kreise in großer Fülle und Dichte. Die letzteren reichen sehr weit in nichtinformatische Bereiche herein, beispielsweise bei Kollektiven, die um ein Programm herum entstehen. Hier stellen die EntwicklerInnen einen esoterischen, die AnwenderInnen einen exoterischen Kreis dar. Auch überkreuzen sich in einem Individuum oft sehr viele Kreise, denn die Arbeit an genau einem Thema ist in der Informatik doch eher die Ausnahme. Es kann allerdings sein, daß diese Kreise oft sehr instabil sind, beispielsweise Beratungsrunden zu einem sehr kurzfristigen Problem, und daß es wenige sehr stabile Kollektive gibt, beispielsweise die eigene universitäre Einheit.

Beziehungen zwischen Mitgliedern esoterischer und exoterischer Kreise verlaufen in beiden Richtungen. Einerseits bestehe, so Fleck, über eine Hierarchie von Stufen der »Eingeweihtheit« bis in die innersten esoterischen Kreise eines Denkkollektivs auch eine Hierarchie von Vertrauen und Abhängigkeit gegenüber tiefer »Eingeweihten«. Umgekehrt sind auch die Mitglieder esoterischer Kreise von der »Masse«abhängig, indem deren Meinung wesentlich über den Zusammenhalt der sozialen Struktur des Kollektivs entscheidet. Beide Erscheinungen sind dazu geeignet, dem Denkstil sozialen Rückhalt zu geben [Fleck 35, S.139].

Das Verhältnis zwischen Elite und Masse bestimmt nach Fleck die Freiheitlichkeit und den (un)demokratischen Charakter des Kollektivs. Je weniger sich die Elite nach der Meinung richtet, je mehr sie sich abkapselt, desto dogmatischer und restriktiver wird das System »Kollektiv«. Dementsprechend beurteilt Fleck die Fortschrittlichkeit und das Entwicklungspotential von Kollektiven [Fleck 35, S.139]. Diese Auffassung mag angesichts von Phänomenen wie Demagogie und Manipulation in Demokratien zu simpel erscheinen, aber viele solcher Phänomene lassen sich wiederum durch die ständige dynamische Bildung bzw. den Zerfall neuer Eliten und Massen modellieren. Wie angedeutet, können nach Flecks Meinung Kollektive sehr kurzfristig entstehen oder sich auflösen. In dieser kurzen Zeitspanne sollten sich Abhängigkeitsbeziehungen, die zu den beschriebenen zentralistischen Strukturen eines Kollektivs führen, besonders auswirken, da Mechanismen wie das kritische Hinterfragen oft längere Zeit benötigen.

Gerade die eben beschriebene soziale Feinstruktur läßt sich an vielen Beispielen in der Informatik nachweisen. Ich möchte dazu nochmals auf das eben angesprochene Verhältnis zwischen freier und kommerzieller Software zurückkommen. Einerseits sind hier BenutzerInnen von den ProgrammentwicklerInnen in beiden Lagern abhängig: durch deren tiefere Kenntnisse der gesamten Materie aber auch ihres eigenen Softwaresystems und dessen gedachter Konzeption. Andererseits brechen natürlich Gemeinden von NutzerInnen per definitionem mit dem Umstieg auf ein anderes System zusammen. Dabei nutzen gerade HerstellerInnen kommerzieller Software durch angebliche Benutzungsfreundlichkeit ihrer Systeme, die sich oft in einer ansprechenden grafischen Oberfläche erschöpft[18], um AnwenderInnen mit geringen Kenntnissen in ihr Lager zu ziehen und so eine besonders tiefe Abhängigkeitshierarchie zu erzeugen. Zudem üben sie durch wirtschafliche Abkommen einen großen Standardisierungsdruck aus. Umgekehrt sorgt in Nutzungsgemeinden freier Software einerseits die relativ große Erfahrung ihrer Mitglieder für eine flache Hierachie. Andererseits finanzieren sich EntwicklerInnen freier Software eben anders als durch deren Verkauf und sind deshalb an Machtausübung bei der Planung und Entwicklung überhaupt gar nicht erst »gebunden«, was häufig für den freiheitlicheren Gedankenaustausch und eine (nur selten langsamere) öffentliche Korrekturarbeit an Programmen sorgt.

Daß Fleck die Denkart von ständig entstehenden Masse-Elite-Beziehungen unterstützt, zeigt seine Auffassung zum Gedankenverkehr innerhalb von Kollektiven. Die Abhängigkeit zwischen KommunikationspartnerInnen verschiedener Hierarchiestufen der Eingeweihtheit setzt er explizit in Analogie zum Verhältnis von Elite und Masse. Zwischen Mitgliedern gleicher Hierarchiestufen bestehe ein gewisses Gemeinsamkeitsgefühl, sogenannte »Denksolidarität«hinsichtlich des Denkstiles. Beide Phänomene, so Fleck, trügen wieder zur sozialen Verstärkung des Denkstiles bei [Fleck 35, S.139f.], wobei die größere gedankliche Unabhängigkeit der esoterischen Kreise ihren Mitgliedern größere Neuerungen erlaube. Auch hier sei nochmals das obige Beispiel herangezogen. Verschiedene Forderungen nach Erweiterungen und Verbesserungen eines informatischen Produktes werden natürlich verschieden in ihrem Realismus und ihrer technischen Sachkenntnis bewertet. Wie letztendlich die Zukunft eines Programmes aussieht, bestimmen zu einem großen Teil die Entwickler-

Innen. Auch hier variiert der Anteil der mitbestimmenden externen Personen aber stark.

Der interkollektive Denkverkehr ist nach Fleck bestimmt von der graduellen Unterschiedlichkeit der Denkstile zweier Personen. Je weiter ihre Denkstile voneinander entfernt seien, desto weniger Kommunikation fände zwischen ihnen statt [Fleck 35, S.142]. So seien auch die Empfindungen gegenüber den Begriffen, Vorstellungen und Erklärungen durch zunehmendes Unverständnis geprägt. Gewisse »Schlagwörter«von Kollektiven verändern in ihrer ständigen Verwendung auch schrittweise ihre Bedeutung und führen so auch insgesamt zu einer Veränderung der »Denkwerte«[Fleck 35, S.143].

Für das Individuum sei es im übrigen leichter, Mitgliedschaft in sehr verschiedenen Denkkollektiven miteinander zu vereinbaren. Denn die Gedankenwelt zweier sehr verschiedener Kollektive läßt sich auf verschiedene Ebenen, z.B. Glauben und Wissen, trennen. Bei verwandten Denkstilen führt dies eher zu Problemen.

Man stelle sich zu diesen Punkten gerade Mathematik und Informatik vor. Einerseits benutzen beide ihre Ergebnisse, Erkenntnisse und Entwicklungen sowie Arbeitsmittel in extrem hohem Maße. Andererseits dürfte es für GrundlagenmathematikerInnen immer wieder unverständlich sein, wenn in der Informatik mit verschiedenen mathematischen Sachverhalten sehr locker und unsystematisch umgegangen wird. Zu beiden Gemeinden wirklich zu gehören ist sicherlich eher selten. Hingegen ist die stark interdisziplinäre Prägung der Informatik mit Überschneidungen zu »fremden« Disziplinen von den Natur- bis zu den Geisteswissenschaften für ihr Funktionieren unumgänglich.

Ich hoffe, es ist mir gelungen zu zeigen, daß auch bei näherer Betrachtung der sozialen Struktur von Denkkollektiven nach Fleck viele Anknüpfungspunkte zur Praxis der Informatik aufzufinden sind. Im folgenden möchte ich, anhand der bereits erwähnten Artikel von Vertretern der Disziplin, aber auch anhand eigener Erfahrungen aufzeigen, daß sich Flecks Thesen zur Einführung in ein Denkkollektiv besonders gut in der Informatik veranschaulichen lassen.

2.4 Ideologische Aspekte

Denkkollektive mit einer sehr ausgeprägten sozialen Struktur besitzen nach Fleck die Tendenz, neue Mitglieder bereits an den im Kollektiv herrschenden Denkstil heranzuführen. Er schreibt:

> »für jede Religionsgemeinde und jedes Wissensgebiet besteht eine Lehrlingszeit, während welcher rein autoritäre Gedankensuggestion stattfindet, die nicht etwa durch >allgemein rationellen<Gedankenaufbau ersetzt werden kann.«[Fleck 35, S. 136]

Vielmehr behelfe sich die Wissenschaft mit bereits historisch oft benutzter Begrifflichkeit, um Neuen das Wissenssystem nahezubringen, da solche Termini erstens oft auch schon im außerwissenschaftlichen Umfeld bekannt seien und zweitens eine weniger scharf definierte und abgegrenzte Bedeutung besäßen [Fleck 35, S.137].
Solche Indoktrinationen erfolgen manchmal sehr explizit. Ich möchte in diesem Zusammenhang nochmals auf die bereits erwähnten Texte von Vertretern der Informatik zurückkommen. Diese setzen sich in ihren Arbeiten sehr explizit mit der Bedeutung der Lehre in der Informatik auseinander. Es ist bezeichnend, wie offen sie dabei Forderungen an die Geisteshaltung von Informatikstudierenden stellen. So schreibt beispielsweise Zemanek:

> »Gerade die Ingenieurmentalität ist aber das Um und Auf der Informatik. Die Informatik muß an einer Technischen Hochschule entstehen, weil an allen anderen Hochschulen die Ingenieurmentalität nicht mit der erforderlichen Dichte hervorgebracht werden kann.[...] Es muß sichergestellt werden, daß sich der traditionelle Geist des Ingenieurs in der neuen Studienrichtung klar manifestiert [...]«[Zemanek 71, S.161]

Auch Bauer stellt seine Ansichten relativ deutlich dar:

> »Übergehend zu den Problemen des Studiums der Informatik müssen wir zunächst den Vorrang formaler Beschreibungsmethoden betonen. Insofern haben einige Gegenstände der theoretischen Informatik - Automatentheorie etwa - ihre große erzieherische Bedeutung.«[Bauer 74, S.337]

Er führt die oben angedeutete Historisierung beim Erziehungsprozeß sogar explizit aus. Seine Darstellung über die historischen Vorbilder der Informatik reiht diese bereits fest in die Disziplin selbst ein [Bauer 74, S.335]. Das offensichtliche Ziel ist die Darstellung der Disziplin als in einer logischen, folgerichtigen Fortentwicklung befindlich. Solche Darstellungen, die auch oft den sozialen Kontext von Wissenschaftsentwicklung ignorieren, sind insbesondere auch in den Ingenieurswissenschaften typisch, welche in geringerem Maße historisch gewachsen sind. Eine sehr radikale Haltung Dijkstras läßt sich an folgendem Zitat festmachen:

> »Teaching unsuspecting youngsters the effective use of formal methods is one of the joys of life because it is so extremely rewarding. Within a few months, they find their way in a new world with a justified degree of confidence that is radically novel for them; within a few months, their concept of intellectual culture has acquired a radically novel dimension.«[Dijkstra 98, S.1404]

Derart explizite Äußerungen sind auch im Grundstudium durchaus oft zu hören. Ich selbst kenne Einleitungen zu Vorlesungsskripten, die in vieler Hinsicht[19] den obigen Äußerungen gleichen. Wichtiger aber sind die impliziten Vorannahmen, die nicht genannten Behauptungen und Bilder, die natürlich in jeder Veranstaltung mitwirken.

Auch hier sei noch einmal auf die bereits erörterte Bedeutung des Gestaltsehens hingewiesen. Hieran erklärt Fleck, daß Gedanken, Begriffe und Sichtweisen eines Kollektivs Außenstehenden ohne eine solche Einführung, ohne das Sichtbarmachen der vom Kollektiv gesehenen Gestalten, unverständlich bleiben müssen [Fleck 35, S.121].

Die hier beschriebenen Phänomene zeugen davon, daß die Informatik als neue Wissenschaft, deren Charakter praktisch von außen festgelegt und weniger historisch gewachsen ist, in ihrer Fortentwicklung einen extrem ökonomisch-politischen Charakter besitzt. Eine der Lehren aus Flecks Arbeiten ist sicherlich, daß Wissenschaft nicht rein fachlich legitimiert oder auch nur legitimierbar ist. Dies zeigt sich an neueren Wissenschaftszweigen, besonders solchen mit anerkanntermaßen[20] wirtschaftlicher Bedeutung, in besonders krasser Weise.

Bis hierher hat sich Flecks Theorie zur Praxis unserer Gesellschaft im allgemeinen und der Wissenschaft im speziellen in vielen Punkten als nachvollziehbar erwiesen, was die Informatik betrifft. Sowohl in groben Zügen, als auch im Hinblick auf die soziale Tiefenstruktur lassen sich Denkkollektive und -stile in der Informatik nachweisen. Einzelne der beschriebenen sozialen Prozesse sind sogar besonders stark ausgeprägt. Dennoch lassen sich einige Bewertungen Flecks zumindest graduell relativieren, was unter anderem mit seinem Wissenschaftsbegriff zusammenhängt. Hierauf gehe ich im folgenden näher ein.

3. Grenzen von Flecks Konzeption

Die verschiedenen Probleme, die sich bei einer Betrachtung der Informatik unter der Fleckschen Konzeption ergeben, kann ich sicherlich nicht in ihrer Fülle aufzählen. Ich denke aber, daß es nur wenige wirklich grundsätzliche Kritikpunkte gibt. Einer ergibt sich aus Flecks Auffassung, Wissenschaft verändere sich eher kontinuierlich. Das später oft vertretene Konzept von Revolutionen in der Wissensschaft möchte ich nur kurz anklingen lassen. Weitere Probleme ergeben sich aus Flecks Wissenschaftsbegriff. Gerade die Einschätzung, was denn eine Wissenschaft sei, hat aber, wie zu Beginn der Arbeit angedeutet, eine starke Verschiebung erfahren, welche zu diesen Problemen hauptsächlich beiträgt.

3.1 Radikale Paradigmenwechsel in der Informatik

Ludwik Fleck schreibt wenig direkt über den zeitlichen Verlauf von Wissenschaft. An vielen Stellen geht er jedoch mehr oder weniger implizit darauf ein, daß da und dort ein eher kontinuierlicher Ablauf vorliege: bei der sanften Einführung in ein Denkkollektiv, beim Weg der Individuen vom Eindruck eines Widerstandsavisos bis zum klaren Gestaltsehen, bei der Verfestigung des Denkstils im Kollektiv und bei der ständigen, auch durch historische Vorstellungen vorgeprägten Wissenschaftspraxis.
Dabei ist jedoch zu beachten, daß das Geschwindigkeits*verhältnis*, in dem diese und andere Aspekte des sozialen Prozesses »Denken und Erkenntnis«zueinander stehen, sicherlich Veränderungen im Ablauf der Geschichte hervorrufen können.
In der Informatik sind diese Vorkommnisse durch die schnelle, vor allem durch Entwicklung von Produkten im wirtschaftsnahen Umfeld und durch ständige Standardisierungsfragen bestimmte Veränderung der Disziplin sehr häufig. Zudem passieren sie nicht einfach nur beobachtbar schnell, sondern werden oft mehr oder weniger formal öffentlich vollzogen. Wer würde nicht an den normativen Druck einer völlig überarbeiteten Version einer wichtigen Programmiersprache denken. Verhandlungen über Standards, die teilweise Syntax und Semantik von auch in der Wissenschaft benutzten Ausdrucksmitteln bestimmen, haben eine große Bedeutung. Nicht zu vergessen sind häufige Konferenzen zu verschiedenen Programmierparadigmen wie zum Beispiel Objektorientierung.
Es ist nochmals wichtig zu betonen, daß die eben beschriebenen Umstellungen nicht nur abrupte, vorrangig »zusätzliche«Einführungen von Neuheiten darstellen, die am Vorherigen wenig ändern. Die Vorstellung der neuen Version einer Programmier-

sprache ist nicht mit dem Bau eines neuen, stärkeren Elektronenmikroskops zu vergleichen. Denn in der Informatik, wo Kommunikation über verschiedenste Themen mit Hilfe der formalen Ausdrucksmittel geschieht, tritt teilweise der Zwang auf, vieles bis vor kurzem noch Aktuelle aufzugeben.

Es wäre sicherlich interessant, in einer Weiterführung von Flecks Konzept auch diese Phänomene intensiver und expliziter zu untersuchen. Es ist wahrscheinlich, daß sich Phasen von Kollektivstabilisierung und -destabilisierung zeigen, Phasen von massiver Beobachtungs- und Formulierungstätigkeit und Phasen, in denen vor allem Einführungen in ein Wissenschaftskollektiv stattfinden bzw. auch das Wissen besonders intensiv in populärer Form nach außen getragen wird. Diese wechselnden Phasen lassen sich möglicherweise recht gut mit den beispielsweise von Kuhn angenommenen »Revolutionen«zur Deckung bringen.

Inwiefern sie einen wirklichen qualitativen Unterschied herbeiführen oder bloß graduelle Veränderungen gegenüber einer kontinuierlichen Wissenschaftsgeschichte sind, läßt sich im Rahmen dieser Arbeit schwerlich untersuchen. Es geht jedoch darum, sie explizit zu machen und auf dieser Basis weitere Untersuchungen anzustellen. Ich glaube, daß man sich dem genannten Phänomen sowohl von der Perspektive scharfer, qualitativer Schnitte als auch von einer ablauf- und entwicklungsbezogeneren Konzeption her nähern kann. Die erreichten Sichtweisen werden dann sicherlich differieren, aber vielleicht auch gemeinsame Punkte hervorbringen.

Weitere Fragen ergeben sich aus dem Fleckschen Begriff davon, wo Wissenschaft anzusiedeln sei. Diese werde ich im folgenden näher erörtern.

3.2 Probleme des Fleckschen Wissenschaftsbegriffs

Im Gegensatz zur Frage nach der Kontinuität oder Diskontinuität macht Fleck seine Beobachtungen zur Wissenschaftspraxis sehr explizit, widmet ihnen in seinem Hauptwerk ein ganzes Kapitel. Die hierin gemachten Beobachtungen über die Populär-, Zeitschriften-, Handbuch- und Lehrbuchwissenschaft, die ich im folgenden kurz erläutern werde, lassen sich noch ziemlich gut dem Bild der Informatik anpassen.

Der erste und komplizierteste Bereich in der wissenschaftlichen Kommunikation ist der populäre. Er soll keine Einführung in ein Gebiet für zukünftige WissenschaftlerInnen sein, sondern dem Laien ausgewählte Aspekte dieses Gebietes nahebringen. Dazu werden freie Beschreibungen und Begriffe, Metaphern und Bilder benutzt. Die Darstellung wird ungenauer, weniger differenziert, damit oft auch polemischer. Es geht vor allem um Verständlichkeit, um *Anschaulichkeit.* Allerdings sind nach Fleck viele wissenschaftliche Teilgebiete um populäre Begriffe herum aufgebaut, ja für viele ForscherInnen spielt das Laientum in fremden Disziplinen eine große Rolle für ihr sonstiges Schaffen [Fleck 35, S.149]. Gerade der populärwissenschaftliche Bereich in allen Abstufungen und Schattierungen ist in der Informatik sehr stark ausgeprägt. Dies ist bedingt durch die ständig steigende Informatisierung in praktisch allen Bereichen des Lebens, vom beruflichen bis zum privaten. Die mangelnde Möglichkeit, ProgrammbenutzerInnen von den technischen Einzelheiten ihres Computersystems wirklich abzuschotten[21], zwingt immer wieder zu einer groben Einführung auch in extrem technische Bereiche. Bilder und Vokabeln, die ohne nähere Erläuterung entweder verharmlosend oder verabsolutierend wirken, sind da nicht die Ausnahme.

Die Zeitschriftenwissenschaft stellt nach Fleck die ungeordnete, sich häufig offen widersprechende Aufzeichnung von neuesten wissenschaftlichen Ergebnissen dar. Bei diesen Artikeln geht es nicht um Anschaulichkeit, sondern um Ausführung schöpferischer, persönlicher und vorläufiger Gedanken. Sie charakterisieren ihr entsprechendes Gebiet im Aufbau und können noch nicht scheinbar widerspruchsfrei in ein gedankliches System eingeordnet werden [Fleck 35, S.156].

Diese Arbeit wird auf das Kollektiv verschoben, das Artikel in ihrer Relevanz, Richtigkeit usw. bewertet. Erst aus diesem gedanklichen und sozialen Prozeß heraus erwächst ein für das Kollektiv sichtbar konsistenter Tatsachenbestand, der durch Auswahl und teilweise Modifikation (nicht nur) aus der Zeitschriftenwissenschaft hervorgeht. Die Darstellung dieses gesamten, in sich geschlossenen Gebildes, sozusagen des Ergebnisses eines Denkstils, besorgt nach Fleck die Handbuchwissenschaft [Fleck 35, S.158].

Auch diese beiden Sparten der Wissenschaftskommunikation sind in der Informatik vorhanden, da für eine schnelle Kommunikation unter »Fachleuten«auch Fachliteratur erforderlich sind. Gerade hier, also im Hinblick auf die Schriften der esoterischen informatischen Kreise, treten Unterschiede auf, die ich weiter unten näher charakterisieren werde.

Die Lehrbuchwissenschaft stellt für Fleck einen weniger wichtigen Bestandteil der wissenschaftlichen Kommunikation dar [Fleck 35, S.148]. Vor allem für den Übergang vom exoterischen in den esoterischen Kreis, mit der Einführung in einen Denkstil, ist das Lehrbuch aber nicht vernachlässigbar. Dies gilt insofern, als Fleck selbst sich gegen die Einordnung in die Populärwissenschaft wendet [Fleck 35, S.149]. Aus meiner eigenen Erfahrung im Informatikstudium ergibt sich für mich der Eindruck, daß auch hier die von Fleck beschriebene Konditionierung bei der »Einweihung«in ein Studiengebiet besonders explizit geschieht. Sehr bezeichnende Metaphern über Information und ihre Darstellung oder Sätze wie »Vergessen Sie alles was Sie gelernt haben!«gehören im gesamten Grundstudium zum Alltag. Differenzierte Darstellungen sind selten, eine Abbildungsfähigkeit von Realität auf logische Formeln wird beispielsweise vorausgesetzt.

Es ergibt sich das Bild, daß die verschiedenen Arten der wissenschaftlichen Kommunikation in der Informatik sehr wohl anzutreffen sind. Jedoch variieren ihre Gewichtungen und ihre Anpassung auf die Tiefenstruktur, die Fleck für jede Art beschreibt. Insbesondere auf die beiden Kommunikationsarten der esoterischen Kreise werde ich im folgenden nochmals eingehen.

Denn es hat sich, wie in der Einleitung beschrieben, das Bild der Wissenschaften auf einer anderen Ebene deutlich verändert. Diese Ebene ist soziopolitisch, deshalb ist sie für Flecks Konzeption eines Wissenschaftsbildes sehr wichtig.

Die Veränderungen auf dem Gebiet der Wissenschaften lassen sich vielleicht am besten durch das Bild eines Themenkomplexes beschreiben, der verschiedenste, mit einer Anwendungsorientierung verbundene Aspekte enthält. Dazu gehört natürlich die Schwerpunktverschiebung in der Themenwahl, die teilweise früher als reine Anwendungsbereiche angesehene Disziplinen quasi zum Kernbestand der Bereiche einer akademischen Einrichtung macht. Zum anderen existiert ein hoher, oft vor allem finanzieller Legitimierungsdruck beispielsweise aus der Politik, dem durch Wirtschaftsausrichtung Rechnung getragen wird. Nicht zu vergessen ist aber auch die engere Verflechtung mit dem Leben von Menschen, die nicht zum engeren wissenschaftlichen Umfeld gehören. Diese verläuft beispielsweise über die starke Rolle der Medien, aber auch die Technisierung im Alltag.

In diesem Zusammenhang ist auch die Informatik zu sehen. Wenn in dieser Disziplin von Zeitschriften- und Handbuchwissenschaft gesprochen wird, muß beachtet werden, daß Themen in der »Kern«-Disziplin auftreten, die in den Anwendungsbereich gehören. Dies ist für die Informatik völlig in Ordnung[22], Fleck hätte es aber in einen exoterischeren Kreis eines »eigentlichen«Kerns eingeordnet. Es wäre natürlich möglich, zu argumentieren, daß die mehr epistemisch orientierten Wissenschaften wie Mathematik oder Physik nochmals einen esoterischen Zirkel bilden. Aber einerseits ist Mathematik auf hohem Niveau auch Teil(!)gebiet der Informatik, außerdem stünde dann immer noch die Frage, warum sowohl die heutige Bedeutung mancher Begriffe als auch viele soziale Strukturen diesem Bild nicht mehr so direkt entsprechen. Die beiden genannten Problembereiche, die heutzutage veränderte Auffassung von Wissenschaft und die nicht ganz adäquate Beschreibung Flecks mancher zeitlicher Phänomene, sind Punkte, die sich in verschiedener Gewichtung in vielen Wissenschaften, insbesondere den Ingenieursdisziplinen finden lassen. Unter anderem an diesen Problemen muß sich die Haltbarkeit von Flecks Theorie prüfen lassen.

4. Folgerungen

Der Versuch der Rekonstruktion wichtiger Fleckscher Thesen und die Analyse seiner Konzepte in diesem Artikel legt mehrere Schlüsse nahe, was die nähere Untersuchung seiner Konzeption im Zusammenhang mit aktueller Wissenschaft betrifft.

Fleck hat mit seiner Konzeption und Begrifflichkeit eine sehr interessante Grundlage für eine hauptsächlich soziologisch motivierte Untersuchung von Wissenschaft erarbeitet. Seine Erklärungsversuche haben auch heute noch ein relativ großes Explikationspotential.

Ein wichtiges und sicherlich recht radikales Ergebnis besteht darin, daß wissenschaftliches Denken und Handeln ein typischer gesellschaftlicher Prozeß ist, der sich unter manchem Blickwinkel von außerwissenschaftlichen sozialen Prozessen wenig unterscheidet. Insbesondere die Legitimation von Wissenschaft läßt sich in mehrfacher Hinsicht relativieren. Die fachliche Legitimation von wissenschaftlichen Beobachtungen, Schlüssen und Handlungen ergibt sich, wenn überhaupt, erst im Nachhinein und nur im Zusammenhang mit einer extrem stark sozial beeinflußten, ausgebauten Theorie, die in dieser Hinsicht selbst wieder relativierbar ist. Auch ist die Konsistenz dieser Theorie oft nur für Mitglieder des zugehörigen Denkkollektivs vollständig sichtbar. Philosophisch relevante Begriffe wie Wahrheit, Evidenz, Referenz usw. werden in ihrer Bedeutung auf lokale Sichtweisen der Denkkollektive oder auf ständige Veränderung durch soziale und kognitive Prozesse reduziert. Das sich ergebende Bild von Wissenschaft ist sicherlich äußerst nüchtern und für viele enttäuschend. Dies liegt meiner Ansicht nach aber nur darin, daß keine Klarheit darüber herrscht, daß Erwartungen an die Gültigkeit menschlicher Aussagen oft zu hoch gesteckt sind und daß ein lokales, menschenbezogenes Erklärungspotential wissenschaftlicher Theorien häufig eine viel größere Bedeutung hat, als ihm zugestanden wird.

Für die Wechselbeziehungen mit der Gesellschaft ergeben sich folgende Aussagen. Wissenschaftliche Kollektive besitzen großenteils die gleichen sozialen Strukturen wie andere auch, möglicherweise jedoch mit unterschiedlicher Ausprägung einzelner Aspekte. Lebensstandards (im Sinne von typischen Lebensstilen, die aber nicht vorgeschrieben sein müssen), Sittlichkeit und Moral (auch in einem normativen Sinne) gibt es hier wie überall. Man denke an die formalen Organisationen mancher Kollektive. Auch diese sind aber zuerst einmal kollektivintern zu denken. Tritt die Informatik ins Wechselspiel mit der Gesellschaft, also mit anderen Kollektiven, müssen diese Standards mit denen anderer Kollektive in Beziehung gebracht werden, um eine Ge-

sellschaft zu organisieren. Wissenschaft kann und soll nicht *nur* (aber auch) von der Wissenschaftsgemeinde, also von innen heraus betrachtet werden. Es geht letztendlich auch darum, ihre Bedeutung für unser tägliches Leben nicht nur zu beobachten sondern im alltäglichen Lebenszusammenhang zu beeinflussen[23]. Dies kann und soll durch Kontrolle, eine demokratische und öffentliche Diskussion und durch die Ableitung von Zielen und Perspektiven für die Wissenschaft geschehen. Ohne diese Anstrengung jegliche Versuche, Zukunftsperspektiven für unsere gesamte Gesellschaft zu entwerfen, von einer gewissen Leere und Bedeutungslosigkeit geprägt, da sie angesichts der ständigen, dynamischen Entwicklung unserer Gesellschaft als Utopien abgetan oder sogar völlig ignoriert werden.
Trotz dieser Erkenntnisse lassen sich auch Probleme ins Blickfeld führen, die in dieser Arbeit sicherlich nicht erschöpfend behandelt wurden. Eine tiefergehende Untersuchung der Fleckschen Ansätze muß fragen, ob die von ihm explizit und implizit benutzten Vorstellungen und Begrifflichkeiten heutzutage nicht angepaßt werden müssen, um ein bestmögliches Erklärungspotential zu erreichen. Zudem zeigt sich, daß die Verhältnisse verschiedener zeitlicher Abläufe insbesondere in Bezug auf ihre Intensität und Geschwindigkeit bei Fleck erstens wenig explizit, zweitens mit wenig Blick auf ihre Veränderlichkeit auftreten. Es entsteht die interessante Frage, ob sich aus einem Blickpunkt, der sich weniger auf die abrupten Entwicklungssprünge (hier möglichst neutral gebraucht) als auf Prozesse bezieht, dennoch interessante Ergebnisse für die Wissenschaftsentwicklung gewinnen lassen.
Dies sind sicherlich nur einige Richtungen, in denen vergleichende Wissenschaftstheorie sich mit der Konzeption Flecks auseinandersetzen kann. Der Test an verschiedenen Wissenschaftszweigen und auch anderen gesellschaftlichen Feldern erbringt hier vielleicht weitere Erfahrungen im Hinblick auf die Robustheit und das Erklärungspotential dieser Theorie.

5. Fazit

Die soeben angedeuteten Ergebnisse, sowohl was die Nützlichkeit von Ludwik Flecks Thesen bei der Untersuchung der Informatik als auch ihre Grenzen betrifft, wurden im Rahmen der Erläuterung seiner Vorstellungen direkt an Beispielen vollzogen. Als Feld mit reichen sozialen Phänomenen und Verknüpfungen zur nichtinformatischen Welt bietet die Informatik hier ein ähnlich fruchtbares Untersuchungsobjekt wie Flecks Beispiel, die Medizin. Ebenso läßt sich aber natürlich die gesamte Vielfalt der in der sozialen Kategorie Informatik vorhandenen Eigenschaften kaum vollständig übersehen, geschweige denn in einem derart beschränkten Rahmen wie dem dieser Arbeit untersuchen. Da Flecks Konzeption aber schon im Ansatz recht deskriptiv geprägt ist und nur wenige, relativ frei definierte Begriffe benutzt, dürfte sich dieses bei vielen anderen betrachteten Disziplinen ebenso zeigen. Andererseits ist diese Begrifflichkeit dazu geeignet, bei sehr vielen Disziplinen Anknüpfungspunkte für Flecks Grundbegriffe zu finden und auf dieser Grundlage dann seine Beschreibung der sozialen Prozesse in Kollektiven zu überprüfen.

Ich hoffe, mit dieser Arbeit einen Beitrag dazu geleistet zu haben, der auch einige Bezüge zu großen wissenschaftstheoretischen Fragestellungen wenigstens anklingen läßt. Flecks Werk verdient sicherlich eine detailliertere Überprüfung als es in diesem Rahmen exemplarisch möglich war. Denn soziologisch geprägte Wissenschaftstheorie und auch -philosophie verdienen einen wichtigen Platz im Erklärungsgefüge der Bedeutung von Wissenschaft.

Anmerkungen

1

wobei hiermit vor allem der potentielle Erkenntnisprozeß gemeint ist, nicht »Entdeckung«a priori vorhandenen Wissens.

2

Wechselwirkungen beispielsweise mit der biologischen Umwelt dürfen letztendlich auch nicht außer acht gelassen werden.

3

Dies muß übrigens keineswegs bedeuten, daß Wissenschaft nun ein geringerer Machtfaktor wäre. Durch Demagogisierung vorläufiger Ergebnisse in der Boulevardpresse ergeben sich teilweise sogar umgekehrte Verhältnisse. Es besteht auch durchaus die Frage, ob die wissenschaftliche Informiertheit der Bevölkerung im Vergleich zum aktuellen Forschungsstand wirklich so viel größer geworden ist.

4

Ich werde weiter unten darauf eingehen, daß auch in der Informatik selbst heute noch keine Klarheit darüber herrscht, welche Rolle sie nun wirklich spielt. Es ist im übrigen sehr hilfreich, sich an die Formulierung »spielen soll«zu halten: Einerseits ist die Informatik das Musterbeispiel für eine »ins Leben gerufene«Disziplin, da sie sich erst von anderen Disziplinen wie z.B. Mathematik absetzen mußte. Andererseits herrscht gerade in der Informatik hinsichtlich der gewünschten Schwerpunktsetzung eine starke Ideologisierung.

5

Bei Personen verwende ich diese generische Form, wobei ich ihr im Singular feminine Artikel zuordne. Dennoch sind bei jeder Verwendung alle Personengruppen gemeint!

6

Ich beziehe mich hier auf die Phase, in der der Bau automatischer Rechenmaschinen wirklich in den Bereich des direkt technisch Realisierbaren rückte. Auf die Bedeutung von Darstellungen, die die Informatik historisch einzuordnen versuchen, gehe ich später noch ein.

7

Dieser Ausdruck bezieht sich natürlich auch auf Länder wie beispielsweise Indien oder Japan.

8

Profane Beispiele sind der eigene PC, programmierbare Videorecorder etc.

9

Man denke an John v. Neumann.

10

Dies gilt sogar für politische Kräfte, die alternative politische Modelle fordern - Wirtschaft spielt auch in ihren Vorstellungen eine große Rolle.

11

Um es nochmals zu betonen: Es existieren auch andere.

12

Es gibt sicherlich noch mehrere andere, aber die hier genannten scheinen mir für diese Erörterung die wichtigsten.

13

Hervorhebung im Original

14

eine mathematisch formale Angabe des Ziels eines Algorithmus

15

Gerade hier führt die Praxis eine solche Auffassung ad absurdum, da in der Entwicklungspraxis Spezifikationen häufig entweder gar nicht existieren oder oft geändert werden.

16

Es ist für ihn nur konsequent, nicht noch mehr überfrachtete Begriffe wie z.B. »Wahrheit«zu verwenden.

17

Eine InformatikerIn mit etwas ausgeprägter Nüchternheit und Erfahrung wird sich wohl nicht allein dem Glauben an Sicherheit durch formale Verifikation, aber auch nicht dem Wunschtraum nach dem »richtigen«, sozusagen perfekten Programm hingeben. Ein vielfach getestetes und hinreichend robustes System ist oft die sinnvollere Zielstellung.

18

und insbesondere nicht die Unnötigkeit von tiefergehenden Computerkenntnissen garantiert.

19

wenn auch eher auf den speziellen Veranstaltungsstoff bezogen

20

Andere Bereiche wie zum Beispiel Kommunikationswissenschaft versuchen, sich in der Folge des allgemein postulierten äußeren Zwangs der wirtschaftlichen Ausrichtung auch einen solchen Rang zu erarbeiten.

21

Ob diese nun durch mangelnde Standardisierung, die ständigen Marktkämpfe zwischen HerstellerInnen, Interessen hinsichtlich der Abhängigkeit der KundIn, technische Unausgereiftheit oder andere Gründe bedingt ist, sei dahingestellt.

22

und sagt auch durchaus nichts über den wissenschaftlichen Anspruch dieser Themen.

23

Dies kann Wissenschaft als solche vielleicht nicht leisten, sie kann aber analysieren, inwieweit und wie eine aktive Position gegenüber Wissenschaft für das Individuum heutzutage nützlich und wichtig ist. Fleck selbst hat beispielsweise in [Fleck 60] explizit auf die unmittelbare soziopolitische Bedeutung seiner wissenschaftstheoretischen Arbeitsergebnisse hingewiesen.

Literatur

Bauer 74
Bauer, Friedrich L. (1974): Was heißt und was ist Informatik? In: *IBM Nachrichten*, Bd. 24, Heft 223, S.333-337.

Dijkstra 98
Dijkstra, Edsger W. (1989): On the Cruelty of Really Teaching Computing Science. In: *Communications of the ACM*, Bd. 32, S. 1397-1414.

Fleck 35
Fleck, Ludwik (1935): Entstehung und Entwicklung einer wissenschaftlichen Tatsache. Frankfurt/Main: Suhrkamp, 3. Aufl.

Fleck 60
Fleck, Ludwik (1960): Krise und Wissenschaft. Zu einer freien und menschlicheren Wissenschaft. In: *Erfahrung und Tatsache*, Hg. Schäfer, Lothar, Thomas Schnelle, Frankfurt/Main: Suhrkamp, S.175-180.

DeMillo et al. 79
DeMillo, Richard et al. (1979): Social Processes and Proofs of Theorems and Programs. In: *Communications of the ACM*, Bd. 22, S. 271-280.

v. Neumann 45
Neumann, John von (1945): First Draft of a Report on the EDVAC. In: *Papers of John von Neumann on Computing and Computer Theory*, Hg. Aspray, Burks, Cambridge, S. 355-364.

Zemanek 71
Zemanek, Heinz (1971): Was ist Informatik? In: *Elektronische Rechenanlagen*, Bd. 13, Heft 4, S.157-161.

Dieser Titel wurde vermittelt durch die
B&P Verlagsagentur
B&P Wissenschaft
Chausseestraße 101
10115 Berlin
directmail:
BPlektorat@aol.com

ibidem-Verlag
Melchiorstr. 15
D-70439 Stuttgart
Germany

www.ibidem-verlag.de
info@ibidem-verlag.de

FSC
www.fsc.org
MIX
Papier | Fördert gute Waldnutzung
FSC® C083411

Zeitfracht Medien GmbH
Ferdinand-Jühlke-Straße 7
99095 Erfurt, Deutschland
produktsicherheit@kolibri360.de